Mommy Book

About a mother's love, life, memories and dreams.

アルク

著者紹介

『Mommy Book マミーブック』の著者はお母さんです。
Mommy Book には、お母さんに対して
子どもが疑問に思っていたことが詰まっています。

ある時は思い出を、ある時は悩みを、
またある時は愛について問いかけるでしょう。
本書を開いた瞬間から、
お母さんと子どもの心のこもった対話が始まります。

母親としての苦労に共感しつつも、
あまりに近くにいるため、あるいは今まで機会がなかったため、
感謝と愛情を表現することができずにいる子どもや、
お母さんに贈る一冊です。

Mommy Book

To.

From.

Date.   .   .

私たちはお母さんについて、どれだけ知っているのだろうか？
私たちが知らない過去のお母さんは、どんな姿だったのだろう？

Mommy Bookは
今まで知らなかったお母さんの姿を、
お母さん自身が直接伝える本です。

Mommy Bookでは、お母さんと
コミュニケーションをとるためのメッセージをやり取りします。

私たちの記憶にある母の姿は、いつごろからのものでしょうか？
これまでお母さんに質問することも、
お母さんから聞かされることもなかったために知らずにいた、
お母さんの胸の奥深くにある話を聞く時間を楽しみましょう。

これまで聞いたことのないお母さんの少女時代から、
夢と恋愛、青春と現在、家族と未来についてまで、
大切な話をお母さん自身が教えてくれるはずです。

本書は、お母さんがいかに大変な日々を送っているか分かってはいても、
照れくさかったり機会がなかったりして
感謝と愛情を表現できずにいる子どもたちに、
また一つ特別な思い出を作るはずです。
友人でありサポーターであり、また人生の先輩でもあるお母さん。
Mommy Bookは、お母さんのストーリーや考え、
私たちが忘れていた時間を共有し、コミュニケーションをとるための
第一歩となるでしょう。

お母さん自身が著者になり直接書く本

本書を購入、またはプレゼントとして受け取ったお母さんは、
お気に入りの筆記用具を準備しましょう。
子どもは、お母さんから答えを聞きたい質問に、
事前にチェックを入れておきましょう。
お母さんは質問にゆっくり、自由に答えていけばよいのです。
お母さん自身が書き込んで作りあげる本書は、子どもたちへの
世界で一つの大きな贈り物になるでしょう。
胸が温かくなる質問や、笑いと愛情たっぷりの質問が、
著者となるお母さんにも特別な経験を贈るはずです。

Mommy Book を広げたあなた、質問ばっかりだと慌てないでください。

質問に対する答えはお母さんの役割

この本の本当の著者は Mommy、
お母さんであるあなたです。

オフラインで、または SNS を通して集めた、子どもたちからの
「お母さんに聞きたい、時にお茶目で、一方では真面目な質問」が、
あなたを待っています。「お母さん」は生まれた時から
お母さんだとばかり思っている子どもたちに、
あなた自身の幼少期から、若い頃の話、
いつか伝えたかった話をしっかりと書き綴って、伝えてください。

こんなにたくさんの答えを、いつ書き終えられるの？
Mommy Book は、あなたに与えられた宿題ではありません。
すぐに完成させる必要もなく、ストレスを受ける必要もありません。
忙しいあなたのことを、引き出しの中で何日も待ち続けられるのです。
すべての質問があらゆるお母さんに該当するわけではありません。
時には共感できない質問が出てくるかもしれません。
そんな時はお気に入りの写真を取り出して、
そして思い切ってそのページに貼ってしまいましょう。
本棚の奥深くから埃が積もったアルバムを引っ張り出し、
写真を選びながら思い出にふけるのも、
本書があなたに贈るもう一つのプレゼントです。

子どもはお母さんへ、そしてお母さんは子どもへ
気持ちを表現してあげてください

子どもからお母さんに Mommy Book をプレゼントしてください。
気になっていたけど聞けなかったことがありますよね？
両親に対して関心がなかったわけでなく、
実はとても気になっていたと、この本を通して表現してください。

お母さんは、作家になり真心を込めて回答をし、
伝えたいことを書いて、子どもに贈ってください。
一生の宝物となる、世界にたった一冊の本になるはずです。

「お母さんはこうやって育って、
　こういう瞬間もあったし、
　こんなふうに考えるんだよ」

と、今まで話せずに心の中にしまわれていた話を書いて、伝えてください。

何気なくそっと手渡すのもいいでしょう。
しばらくその場にいてもいいでしょう。
本を手渡す瞬間から、
母と子の間でコミュニケーションが始まるはずです。

Question

020

子どものチェック欄

お母さんから答えを聞きたいQに
チェックをしてください。

回答事項がないQには、
写真などを貼って
スクラップブックを
作りましょう。

☑

20歳の時、お母さんにとって
何が一番大切な物だった？

Mommy, what is the most precious item you had
when you were 20 years old?

008

お母さんが答えを
自由に書いてください。

A.

038

やっぱり携帯電話かな？
友だちや彼氏からもらってうれしかった
メールや写真を保存してたからね。
でも誕生日に母からもらった手紙も
大切にしていて、今もとってあるよ。
おばあちゃん筆不精だから
なおさら貴重。

Date. 20 2/. 5. 9

愛とは、なによりも自分への贈り物だ。
ジャン・マリ・リュシアン・ピエール・アヌイ (Jean Marie Lucien Pierre Anouilh)

How to use "Mommy book"

マミーブックの使い方 2

Question

021

☐

お母さんが 20 代の時に挑戦できず、
今も後悔していることはある？

Mommy, is there something that you regret
not doing in your twenties?

該当する答えに
チェックをしてください。

A.

☐ 旅行　　　　　　　☐ 恋愛

☐ 趣味の活動　　　　☐ 結婚

☐ アルバイト　　　　☑ その他： 留学

該当する選択肢がない時
は、お母さんだけの選択
肢を追加しても構いませ
ん。

■ できなかった理由は？

お金がなかったから。
アルバイトしてお金をためて、
大学生のうちに スペインに
留学しとけば よかった！

Date. 20 2/ . 5 . 10

速度を落として人生を楽しもう。
急ぎすぎると、周りの景色を見逃すばかりか、どこに向かって、なぜ行くのかさえ見失ってしまう。
エディ・カンター（Eddie Cantor）

Table of Contents 目次

Mommy's Profile

お母さんのプロフィール

名前：

生年月日：　　　　　　年　　　　月　　　　日

血液型：　□A　□O　□B　□AB

体重／身長：　　　　　kg　　　　　cm

靴のサイズ：　　　　cm

出身地：

出身校：

職業：

結婚記念日：

Mommy's Day.
01

小さい頃の思い出

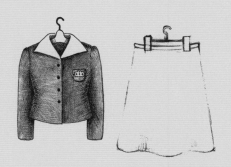

Mommy as a Girl

Scrap. 01

お母さんが幼かった頃の
思い出が詰まった写真を貼ってください。

Paste a picture of Mommy as a child.

Date.　　　　.　　　.

001

□

子ども時代のお母さんはどんなだった？

Mommy,
what were you like when you were a little girl?

A.

おてんば　人を笑わせるのが好き　優等生

真面目　問題児　反抗的な子

ボーイッシュ　秀才　社交性に優れた子

恥ずかしがり屋　ひとりでいるのが好き

礼儀正しい　用心深い　注意力散漫　走り回るのが好き

Date. 20　　.　　.

ある女性を想う。彼女はあなたが彼女を想っていることを知らない。
あなたが彼女を想っていようと、気にも懸けない。
だから余計に彼女のことを想ってしまうのだ。　マーティン・セイジ（Martin Sage）

002

□

お母さん、
小学生の時は何になりたかった？

Mommy, when you were in elementary school,
what did you want to be when you grew up?

<u>A.</u>

Date. 20 . .

成長の最大の源は、その人の選択にある。
ジョージ・エリオット（George Eliot）

003

□

お母さんが小さかった時、すごく欲しかったものは?

Mommy, when you were a little girl,
what was the one thing that you really wanted to have?

<u>A.</u>

Date. 20　　　.　　　.

思い出の黄昏の中でなら、私たちはまた会える。
カリール・ジブラン(Khalil Gibran)

004

□

お母さんが小さかった時と
私が小さかった時って
どんなところが似てる？

Mommy, how much were you like me
when you were a little girl?

A.

■ 性格：

■ 習慣：

■ 見た目：

■ 好み：

■ アレルギー：

■ その他：

Date. 20　　.　　.

人は年を取ることで変化したのではない、ただより明確に自分自身になったのである。
リン・ホール（Lynn Hall）

005

□

お母さんの思春期はどんな感じ だった？その当時何か羽目を 外してしまったことはある？

Mommy, how were your teenage years?
Did you ever get a little wild?

A.

■　どうだった？

■　その当時、最も羽目を外した事件は？

Date. 20　　　.　　　.

若者が装うのを笑うことなかれ。
彼は自分の顔を見つけようとして、顔を一つ一つ順番に試しているだけなのだ。
ローガン・ピアソール・スミス（Logan Pearsall Smith）

006

□

学生時代からの友達で、
お母さんと一番仲がいいのは誰？

Mommy, who is your best friend -
someone who has known you since you were both students?

A.

■ 名前：

■ 出会った時期：

■ 連絡先：

Date. 20　　　.　　　.

人生で成功したければ、我慢を親友とし、経験を助言者とし、慎重さを兄とし、希望を守護神としなさい。
ジョゼフ・アディソン（Joseph Addison）

007

□

学生時代に一番好きだった
科目と嫌いだった科目は？

Mommy, what was your favorite subject?
What subject did you dislike the most?

A.

■　好きだった科目

■　嫌いだった科目

Date. 20　　　　.　　　　.

我々は若いときに学び、老いては理解する。
クリストフ・エッシェンバッハ（Christoph Eschenbach）

008

□

学生時代の最も記憶に
残るエピソードは？

Mommy, what is the most
memorable episode from your school days?

<u>A.</u>

Date. 20 . .

若さは一時のものだが、未熟さは永遠となりうる。
デイブ・ベリー（Dave Barry）

009

□

小さい頃、お母さんは 友達にどんなニックネームで 呼ばれていたの？

Mommy, what was your nickname among your friends
when you were a little girl?

A.

■ 理由は？

Date. 20   .   .

友人がいるということは、もう一つの人生があることだ。
バルタサール・グラシアン・イ・モラーレス（Baltasar Gracián y Morales）

010

□

学生時代、最も良かった成績は
クラスで何位？

Mommy,
what was your highest class rank?

A.

□　（　　　）人中の（　　　）位

□　秘密

Date. 20　　　．　　　．

真の知恵とは断固たる決意である。
ナポレオン・ボナパルト（Napoléon Bonaparte）

011

□

小さい頃、勉強以外に
何をするのが好きだった？

Mommy, aside from studying, what did you like to do
when you were a girl?

<u>A.</u>

Date. 20　　　．　　　．

過去に戻って、幼い頃、幸せを感じたものを探してください。
私たちはみんな大きな子どもです。だから昔を思い出し、愛したものや真実だと信じていたものを
見つけましょう。　オードリー・ヘップバーン（Audrey Hepburn）

012

お母さんにも反抗期があった？

Mommy,
did you ever go through a rebellious phase?

A.

□　あった　　　□　なかった

■　どうやって乗り越えたの？

Date. 20　　　.　　　.

人生とは、果敢なる冒険か、もしくは無か、そのどちらかです。
ヘレン・ケラー（Helen Keller）

013

□

朝もっと寝たい時は
どうしていた？

Mommy, how did you manage to wake up
when you were feeling sleepy in the morning?

A.

□　ギリギリまで寝床で粘った

□　頑張って起きた

□　（　　　　　　）に起こしてもらった

□　その他：

Date. 20　　　.　　　.

長すぎる休息は錆びつく。
ウォルター・スコット（Walter Scott）

014

□

お母さんが小さかった時、
おばあちゃんからどんな小言を
一番言われた？

Mommy, what did your mother usually scold you for
when you were young?

A.

□　勉強しなさい

□　お風呂に入ってから寝なさい

□　早く帰ってきなさい

□　部屋の掃除をしなさい

□　その他：

Date. 20　　　.　　　.

母親から確かな愛情を受けた者は、征服者の感情を生涯持ち続ける。
そうした成功に対する確信が、実際に成功をもたらすことがある。
ジークムント・フロイト（Sigmund Freud）

Mommy's Day.
02

お母さんの青春

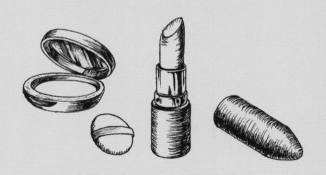

Mommy's Younger Days

Scrap. 02

お母さんの若い頃を思い浮かべる
ことができる写真を貼ってください。

Paste a picture of Mommy as a young woman

Date.　　　.　　　.

015

□

20 代の頃、
お母さんの趣味は何だった？

Mommy,
did you have any hobbies when you were in your 20s?

A.

写真撮影　文章を書く　読書　映画鑑賞

音楽鑑賞　楽器の演奏　料理　旅行

飲み会への参加　スポーツ　マンガ

ファッション　踊る　レコード収集

おいしい店巡り　ショッピング　絵を描く

Date. 20　　.　　.

私の人生を変えられるのは私だけ。他の誰にもそれはできない。
キャロル・バーネット（Carol Burnett）

Question

016

□

お母さんは
どんな 20 代を過ごしたの？

Mommy,
how did you spend your 20s?

<u>A.</u>

Date. 20   .   .

大人になった時には、自分が大人になったのだと自然に分かった。
イブ・バビッツ（Eve Babitz）

017

□

憧れの人はいた？

Mommy,
who was your role model?

<u>A.</u>

Date. 20 ． ．

美は神からの贈り物だ。
アリストテレス（Aristotle）

018

□

若い頃のお母さんが
男性の選択基準で
重要だと思っていたのは？

Mommy, what did you look for in a guy?

A.

■ ３つだけ選んでください。

036

□ 外見 □ 家柄

□ 能力 □ 学歴

□ 性格 □ ファッション

□ 印象 □ その他：

Date. 20 　．　　．

一緒に笑い合えない人を愛することはできない。
アグネス・レプリアー（Agnes Repplier）

019

□

20歳に戻れるとしたら、
何を必ずやりたい？

Mommy, what is the one thing you would want to do
if you could be 20 again?

A.

□　旅行

□　勉強

□　社会経験

□　恋愛

□　趣味の活動

□　その他：

Date. 20　　　.　　　.

自分がどれほど変化したのかを確かめるには、変化していないところに戻るのが一番だ。
ネルソン・マンデラ（Nelson Mandela）

020

□

20歳の時、お母さんにとって
何が一番大切な物だった？

Mommy, what is the most precious item you had
when you were 20 years old?

A.

Date. 20   .   .

愛とは、なによりも自分への贈り物だ。
ジャン・マリ・リュシアン・ピエール・アヌイ (Jean Marie Lucien Pierre Anouilh)

□

お母さんが20代の時に挑戦できず、今も後悔していることはある？

Mommy, is there something that you regret
not doing in your twenties?

A.

□　旅行　　　　　　　□　恋愛

□　趣味の活動　　　　□　結婚

□　アルバイト　　　　□　その他：

■　できなかった理由は？

Date. 20　　　　.　　　　.

速度を落として人生を楽しもう。
急ぎすぎると、周りの景色を見逃すばかりか、どこに向かって、なぜ行くのかさえ見失ってしまう。
エディ・カンター（Eddie Cantor）

022

□

お母さんが 20 代だった頃、
友達よりもキレイになろうとして、
どんなことを頑張った？

Mommy, to what extent did you strive to be prettier
than your friends when you were in your 20s?

A.

□　極端なダイエット

□　ファッションスタイルを変える

□　肌の手入れ

□　性格を変える

□　その他：

Date. 20　　　.　　　.

瞬間を愛しなさい。そうすれば、その瞬間のエネルギーが限りなく広がっていくでしょう。
コリータ・ケント（Corita Kent）

023

□

お母さんが20代に経験したことの中で、
私もした方がいいと思うのは？

Mommy, what are some experiences
that you had in your 20s that you would also like me to have?

A.

□　旅行　　　　　　　□　恋愛

□　趣味の活動　　　　□　結婚

□　アルバイト　　　　□　その他：

■　理由は？

Date. 20　　　．　　　．

旅人は出発前に、その旅で達成すべき目的と資質をきちんともっていなければならない。
ジョージ・サンタヤーナ（George Santayana）

□

お母さんが初めて付き合った
相手ってどんな人？

Mommy, tell me what kind of
person your first boyfriend was.

A.

Date. 20   .   .

愛される才能がなければ、幸せになる才能もない。
マリー・フォン・エッシェンバッハ（Marie von Ebner-Eschenbach）

025

□

20代の頃、お母さんが
一番好きだった歌は？

Mommy, what was your favorite
song when you were in your 20s?

A.

■ 曲名：

■ 歌手の名前：

■ 理由：

Date. 20 . .

音楽と愛は精神の翼だ。
エクトル・ベルリオーズ（Hector Berlioz）

026

□

20代で買いたかったのに、
高くて買えなかったものはある？

Mommy, was there something
you could not afford to buy when you were in your 20s?

<u>A.</u>

044

Date. 20　　　.　　　.

大切なのは、どれほど多く与えるかではなく、どれほど愛を込めたかです。
マザー・テレサ（Mother Teresa）

027

□

お母さんの青春で最も懐かしいのは？

Mommy,
what do you miss the most about your youth?

<u>A.</u>

Date. 20 　　.　　.

人生をやり直せるならば、今度はもっと失敗をしてみたい。
ナディーン・ステア（Nadine Stair）

028

□

お母さんが 20 代の頃、
両親についた嘘の中で一番大きな嘘は？

Mommy, did you ever tell any lies
when you were in your 20s? If so, what were they?

A.

□ 秘密

Date. 20   .   .

永遠に生きるつもりで夢を抱き、今日死ぬつもりで生きろ。
ジェームズ・ディーン (James Dean)

□

お母さんもアルバイトをしたことがある？
どんな仕事をしたの？

Mommy, did you ever have a part-time job?
What was it?

<u>A.</u>

Date. 20   .   .

長生きを望むより、充実した人生を望め。
ベンジャミン・フランクリン（Benjamin Franklin）

030

□

お母さんの青春、
若く生き生きとしていた時を
思い出させるアイテムは？

Mommy, what items make you recall your youth?

<u>A.</u>

Date. 20　　　.　　　.

之を知る者は、之を好む者に如かず。之を好む者は、之を楽しむ者に如かず。
孔子（Confucius）

☐

お母さんは夢について
誰かと真剣に話し合ったことはある？

Mommy, have you ever seriously discussed
your dream with someone?

<u>A.</u>

Date. 20   .   .

私たちは自分を認めてくれる人たちをどれほど大切にし尊敬するでしょう！
ジュリー モーゲンスターン（Julie Morgenstern）

032

□

若い時、お母さんも
外見にコンプレックスはあった？

Mommy, when you were young, were there times
when you didn't feel very confident about your appearance?

A.

Date. 20　　　．　　　．

美しさ！それは心の目に映る美だ！
ブライアン・ジュベール（Brian Joubert）

033

□

20代の価値観を表す
お母さんだけの人生哲学(名言)があるなら?

Mommy, what quote had a big influence
on you when you were in your 20s?

A.

051

Date. 20   .   .

あなたが人生の主人公だから、その事実を忘れないように。今まであなたが
意識的または無意識のうちに選んできたものによって、今のあなたがあるのだから。
バーバラ・ホール(Barbara Hall)

Mommy's Day. 03

お母さんの夢

Mommy's Dreams

お母さんの夢に関連した
写真を貼ってください。

Paste a picture about one of Mommy's dreams.

Date.　　　.　　　.

□

お母さんは
どんな大人になりたかった？

Mommy,
what type of adult did you want to be?

A.

お金持ちになりたかった

自由に暮らしたかった、正直な人になりたかった

誠実な人になりたかった、幸せに暮らしたかった

素敵な家庭を築きたかった、有名人になりたかった

未来について特に考えていなかった

Date. 20　　　．　　　．

すべての成長は、予期せぬ暗闇のなかで跳躍するときに成し遂げられる。
ヘンリー・ヴァレンタイン・ミラー（Henry Valentine Miller）

□

20代の頃のお母さんの夢を
覚えている？

Mommy, do you remember the dreams you had
for your future when you were in your 20s?

<u>A.</u>

Date. 20 　　 . 　　 .

夢はあなたを見捨てない。あなたが先に夢を無視するまでは。
ギルバート・キース・チェスタートン（Gilbert Keith Chesterton）

□

お母さんが 実現できなかった夢で、 私が代わりにできることはある?

Mommy, is there a dream
that you don't think you can achieve but you think I might be able to?

A.

Date. 20   .   .

過去が現在に影響を与えるように、未来も現在に影響を与える。
フリードリヒ・ニーチェ (Friedrich Nietzsche)

037

□

若い頃の「お母さんの夢」と 「おばあちゃんがお母さんに望んでいた夢」 は同じだった？

Mommy, did Grandma have the same
dreams for you that you had for yourself?

A.

■ お母さんの夢：

■ おばあちゃんがお母さんに望んでいた夢：

Date. 20   .   .

夢は人格の試金石である。
ヘンリー・デイヴィッド・ソロー（Henry David Thoreau）

038

□

お母さんが次の誕生日に
私からもらいたいプレゼントは？

Mommy, what do you want from me
as a birthday gift this year?

A.

Date. 20 ． ．

贈り物というのは、相手に受け取ってもらって初めて贈り物となる。
受け取ってもらえなければ、それは単なるお荷物でしかないぞ。
『ナイト』よりロバート・フィッシャー（"The Knight" Robert Fisher）

☐

宝くじで1等が当たったら、
最初に何をする？

Mommy, if you won the lottery,
what is the first thing that you would do?

<u>A.</u>

Date. 20   .   .

いい家は購入するのではない。作り上げるものだ。
ジョイス・メイナード（Joyce Maynard）

040

☐

これから叶えようと思ってる
お母さんの夢は何？

Mommy, what dream would you like to go ahead
and make come true right now?

<u>A.</u>

Date. 20   .   .

未来は美しい夢を信じる人のためにあります。
エレノア・ルーズベルト（Eleanor Roosevelt）

041

□

夢を叶えるために、
お母さんが努力したことのうち
一つを挙げるとしたら？

Mommy, what is one thing that
you worked for to achieve your dream?

<u>A.</u>

Date. 20 　.　　.

力でも知性でもなく、たゆまぬ努力こそが潜在能力を解き放つ鍵だ。
ウィンストン・チャーチル（Winston Leonard Spencer Churchill）

042

□

お母さんが来世で
結婚相手を選ぶ基準は？

Mommy, what kind of criteria would you adopt to find a
perfect husband if you were to be born again?

A.

Date. 20   .   .

すべての真実の愛は尊敬を基盤とする。
ジス・ドゥ・ヴィリエ（Gys de Villiers）

☐

お母さんに家庭がなかったとしたら、
やりたいことは何？

A.

人生はまさに鏡。そこに映るものを見ると、
まず自身の内面を目にすることになる。
ウォーリー・"フェイマス"・エイモス (Wally "Famous" Amos)

□

まだ解決していない
人生の宿題はある？

Mommy, is there an on-going life assignment
that you would like to accomplish in the future?

A.

Date. 20   .   .

人間は欲望を失ってはいけない。欲望は創造性、愛、長寿を促進する強力な刺激薬だ。
アレクサンドル・A・ボゴモーレツ（Alexander A. Bogomoletz）

Mommy's Day.
04

私が知らない
お母さんとお父さんの話

The Story of Mommy & Daddy

お母さんとお父さんの恋愛時代
思い出に残る写真や、結婚式の写真を貼ってください。

Paste a picture of Daddy and Mommy's wedding,
or a picture of them dating.

Date.　　　.　　.

045

□

お父さんの第一印象を覚えている？
どんな感じだった？

Mommy,
do you remember your first impression of Daddy?

A.

健康そう、強そう、優しそう

頼もしい、かわいい、背が高い、小柄

手が大きい、痩せている、オシャレ、垢抜けない

幼く見える、老けて見える、色白

ブサイク、ハンサム、賢そう

Date. 20 ． ．

家族がほほ笑みを交わすのは心温まる。特にお互いの心を信頼している時は。
ジョン・キーブル（John Keble）

046

□

お母さんは、
お父さんと出会ってどのくらいで
初めてのキスをした？

Mommy, how long did it take for you and
Daddy to kiss for the very first time?

A.

□　会った日 〜 49 日

□　50 日 〜 99 日

□　100 日 〜 1 年の間

□　1 年後

□　結婚後

□　秘密♡

Date. 20 　　.　　.

キスをする二人はいつも魚のように見える。
アンディ・ウォーホル（Andy Warhol）

047

□

お父さんとお母さんが 付き合っていた頃は、 どうやって連絡をしていたの？

Mommy, how did you and Daddy keep in touch?

A.

Date. 20   .   .

私が理解するすべてのものを、愛するがゆえに理解する。
レフ・トルストイ（Leo Tolstoy）

048

□

お父さんと付き合っていた頃の 最も記憶に残っている出来事は？

Mommy, is there something in particular
you remember while dating Daddy?

<u>A.</u>

Date. 20 ． ．

2人の人間が心を1つにした夫婦となって家庭を築くことほど素晴らしいことはない。
ホメロス（Homer）

049

□

お父さんと結婚前に
デートで行った思い出の場所はどこ？

Mommy, where was the most memorable
place that Daddy took you while dating?

A.

Date. 20   .   .

誰かを愛するということは、相手の気持ちを自分のことのように感じることだ。
アリストテレス（Aristotle）

050

□

お母さんがお父さんのために
した最高のイベントは何？

A.

Date. 20 　　.　　.

30 年に渡り女性の心を研究してきたにもかかわらず、
未だ答えることができない大きな疑問は「女性は一体何を求めているのか？」である
ジークムント・フロイト（Sigmund Freud）

051

□

結婚前、お父さんと
どう呼び合っていたの？

Mommy, did you and Daddy
have any pet names for each other while dating?

A.

■ お父さん→お母さん：

■ お母さん→お父さん：

Date. 20   .   .

愛は終わりのない神秘だ。説明できる理由がないからだ。
ラビンドラナート・タゴール（Rabindranath Tagore）

052

□

お父さんを見て胸が
ドキドキしたのは、
最近だといつ？

Mommy, when was the last time
that Daddy made your heart flutter?

<u>A.</u>

Date. 20　　.　　.

幸せを感じる法則はただ一つ。それは愛する人を幸福にすることだ。
スタンダール（Stendhal）

□

お父さんとの結婚を決心したきっかけと、どんなプロポーズだったのか教えて。

Mommy, what made you to decide to
marry Daddy, and how did he propose to you?

A.

■ お母さんはお父さんの（　　　　　　　　　）を見て、

結婚を決めたのよ。

■ プロポーズの場所：

■ プロポーズの言葉：

□ そのうちプロポーズされる予定だ。

Date. 20　　.　　.

愛によってなされることは、常に善悪を超越する。
フリードリヒ・ニーチェ（Friedrich Nietzsche）

□

お父さんからプレゼントして もらいたいものを3つ挙げて！

Mommy, what three things would you most like to get
as presents from Daddy?

A.

□ 1つ目：

□ 2つ目：

□ 3つ目：

Date. 20 ． ．

ひどく待たされた贈り物は、着いた時には傷んでいる。
アクセル・オクセンシェルナ（Axel Oxenstierna）

055

□

付き合っている頃の
お父さんの魅力は何だった？

Mommy, what did you find most charming
about Daddy when you were dating?

<u>A.</u>

Date. 20   .   .

私たちは愛することによってのみ、愛し方を学ぶことができる。
アイリス・マードック（Iris Murdoch）

056

□

お父さんと付き合っていた時の
仲直りの方法は？

Mommy, when you and Daddy were dating,
how did you two make up after a fight?

A.

Date. 20　　　.　　　.

あらゆる夫婦は愛し合い方を学ぶように、けんかの仕方も学ぶべきです。好ましいけんかは、客観的
で正直なものであり、決して意地悪でも残酷でもありません。健康的で建設的であり、
結婚生活に対等なパートナーシップをもたらすものです。　アン・ランダーズ（Ann Landers）

057

□

結婚前と後で、
お父さんが変わった点は？

Mommy,
is Daddy the same man you married?

<u>A.</u>

■ 結婚前：

■ 結婚後：

Date. 20   .   .

喜劇では筋が通常、結婚によって終わるが、
社交界では事件が結婚から始まる。
ピエール・ド・マリヴォー（Pierre de Marivaux）

058

□

妊娠したことを伝えた時の
お父さんの反応はどんなだった？

Mommy, what was Daddy's first reaction
when he found out that you were pregnant?

<u>A.</u>

Date. 20   .   .

家族がお互いに結びつき一つになるということは、この世において唯一の幸福です。
キュリー夫人（Marie Curie）

□

お母さんだけが
知っているお父さんの秘密はある？

A.

□　秘密は秘密だ

あらゆる秘密のうちでもっとも美しいのは、天才だということを自分しか知らないことだ。
マーク・トウェイン（Mark Twain）

060

□

お父さんが知らない
お母さんだけの秘密はある？

Mommy, is there something about you
that Daddy doesn't know?

A.

□　秘密は秘密だ

Date. 20　　　.　　　.

愛は目で見るものではなく、心で見るもの。
ウィリアム・シェイクスピア（William Shakespeare）

□

お父さんとの結婚生活の今の満足度は？

Mommy, how would you rate your level of overall
satisfaction with your marriage?

A.

□　とても満足している

□　満足している方だ

□　普通だ

□　秘密だ

Date. 20　　　.　　　.

よい結婚生活とは個人の変化・成長、愛情表現の変化・成長をもたらす。
パール・バック（Pearl S. Buck）

062

□

お父さんの影響で
好きになったものはある?

Mommy, what are some of the things that
you now like because of Daddy?

A.

.

Date. 20　　　.　　　.

結婚するときはこう自問せよ。『年を取ってもこの相手と会話できるだろうか』
他のことは年月が経てばいずれ変化することだ。
フリードリヒ・ニーチェ（Friedrich Nietzsche）

□

自分の親に
お父さんを紹介した時の反応は
どんなだった？

Mommy, how did your parents react
when you first introduced them to Daddy?

<u>A.</u>

Date. 20   .   .

他人の批判をしていると、その人たちを愛する時間がなくなってしまいます。
マザー・テレサ（Mother Teresa）

064

□

「私の夫は最高！」
お父さんの長所を３つ挙げると？

Mommy,
what are the three best things about Daddy?

A.

■ 1.

■ 2.

■ 3.

Date. 20   .   .

この世でもっとも幸せなのは誰だろうか？　いい妻を得た男性だ。
タルムード（The Talmud）

065

☐

お父さんに直してほしいことを
３つ挙げると？

Mommy, what are three things about Daddy that you
would like to see him change?

A.

■ 1.

■ 2.

■ 3.

Date. 20 .   .

苦しくなるまで愛すると苦しみは去り、さらに大きな愛のみが生まれるという逆説を見つけました。
マザー・テレサ（Mother Teresa）

066

☐

付き合っていた頃、
お互いを好きな気持ちは、お母さん、
お父さんのどっちの方が強かった？

Mommy, who liked the other more
when Daddy and you were dating?

<u>A.</u>

Date. 20　　　.　　　.

一人の人間が別の人を愛する。それはあらゆることの中でもっとも難しく、
究極的には最後の試験であり証明である。他のすべてのことは準備に過ぎない。
ライナー・マリア・リルケ（Rainer Maria Rilke）

□

結婚後、お父さんに
申し訳なく思ったことはある？

Mommy, was there something that you felt you should apologize to
Daddy for after you two get married?

<u>A.</u>

Date. 20　　.　　.

愛の最初の義務は、耳を傾けることだ。
パウル・ティリッヒ（Paul Tillich）

068

□

お父さんが「愛してる」と言ったのは、最近ではいつだった？

Mommy, when was the last time
Daddy told you he love you?

A.

Date. 20　　.　　.

愛されることが幸福なのではない。愛することこそが幸福なのだ。
ヘルマン・ヘッセ（Hermann Hesse）

069

□

お父さんからもらったプレゼントで
最も思い出深いのは？

Mommy, what is the most
memorable gift you've received from Daddy?

A.

Date. 20 ． ．

人生における最高の幸福は、自分が愛されていると確信することである。
ヴィクトル・ユーゴー（Victor Hugo）

□

お父さんと結婚してよかったと思う？

Mommy,
are you happy that you married Daddy?

<u>A.</u>

Date. 20　　.　　.

妻に対する夫の愛が深いほど、妻が望むことはわずかになる。
アントン・チェーホフ（Anton Chekhov）

Mommy's Day.
05

お母さん、そして私

Mommy & Me

子どもが幼かった頃の
親子の写真を貼ってください。

Paste a picture of Mommy & me
when I was a baby.

Date. 　　　.　　　.

初めて私を抱っこした時
どんなふうに感じた？

Mommy,
how did you feel when you first held me in your arms?

A.

不思議だ、うれしい、満ち足りた気分

心配だ、幸せだ、感謝の気持ち、申し訳ない

驚きだ、不慣れだ、胸にじんとくる、当惑する

感動的、愛らしい、頼もしい、ブサイクだ

切ない、温かい、自分に似ている、とても小さい

Date. 20   .   .

抱きしめることは本当に大きな効果をもたらすの。特に子どもたちにね。
ダイアナ・フランセス・スペンサー（Diana Frances Spencer）

072

□

私の名前は誰が付けたの？

A.

■ あなたの名前は（　　　　　）が付けたよ。

■ 名前に込めた意味・願い：

■ 選ばれなかった私の名前第二候補は：

Date. 20　　.　　.

いい名前は第二の財産、豊かな財産。
ドイツのことわざ（German Proverb）

073

□

私を妊娠した時、
胎夢（妊娠を伝える予知夢）を見た？

Mommy, did you have any dreams about me
while you were pregnant?

A.

Date. 20 . .

喜びは祈り。喜びは力。喜びは愛。喜びは魂を捕まえることができる愛の網です。
マザー・テレサ（Mother Teresa）

074

□

お母さんから見た
私の長所を3つ挙げて。

Mommy,
what are my three greatest strengths?

<u>A.</u>

100 ■ 1.

■ 2.

■ 3.

Date. 20   .   .

人間の長所は、欠点があるということだ。
ユダヤのことわざ (Jewish Proverb)

075

□

お母さんから私を見て、これだけは直した方がいいと思うことを3つ挙げて。

Mommy,
what are the three things that you would like me to change?

<u>A.</u>

■ 1.

■ 2.

■ 3.

Date. 20　　　.　　　.

子どもにキスをする母親もいれば、口やかましい母親もいるが、それは同じ愛情だ。
パール・バック（Pearl S. Buck）

076

□

お母さん、
今どこが一番具合が悪い？

Mommy,
what part of your body hurts the most at this moment?

A.

Date. 20 ． ．

最初にあなたに命を与えてくれた両親が、今度は自分たちの命をも与えようとする。
チャック・パラニューク（Chuck Palahniuk）

077

□

お母さんが覚えている
最もかわいかった私の姿は？

Mommy, when was the time that
you thought I was the prettiest? How did I look then?

<u>A.</u>

Date. 20   .   .

私の母は、私が出会った女性のなかで最も美しい人だ。
私の人生の成功は、母から受けた道徳的、知的、身体的教育のおかげだ。
ジョージ・ワシントン（George Washington）

078

☐

成長していく私を見て、
どんなふうに思う？

Mommy,
what comes to your mind as I am becoming an adult?

<u>A.</u>

Date. 20　　.　　.

子どもたちは私たちから受けただけのものを与えてくれる。
私たちはより深く感じ、質問をし、傷つき、より深く人を愛する人間になっていく。
ソニア・テイツ（Sonia Taitz）

079

□

私を「産んでよかった！」と
思った瞬間はいつ？

Mommy, when were the times that
you were happy to have me as your child?

<u>A.</u>

105

Date. 20   ．   ．

子どもは母親にとって命の錨である。
ソポクレス（Sophocles）

080

□

子育てで
最も大変だったのはどんな時？

Mommy,
when was the most difficult time raising me?

<u>A.</u>

Date. 20   .   .

母親は子どもが話さないことでもちゃんと分かっている。
ユダヤのことわざ (Jewish Proverb)

081

□

私がお母さんに贈ったプレゼントで
最も記憶に残っているのは何？

Mommy,
what was the best gift from me?

A.

Date. 20   .   .

恋をしている者の耳にはどんなに小さな音も聞こえる。
ウィリアム・シェイクスピア（William Shakespeare）

082

□

私と一緒にしたことの中で一番楽しかったことは何?

<u>A.</u>

108

Date. 20   .   .

母親とは頼りにする人ではなく、頼らずにすむように育ててくれる人だ。
ドロシー・キャンフィールド・フィッシャー (Dorothy Canfield Fisher)

083

□

私を見て昔のお母さんを
思い出すことはある？
どんな時？

Mommy, do you ever think about your youth
when looking at me? When do you find yourself doing that?

A.

Date. 20 ． ．

20 歳のあなたの顔は自然から授かったものだけど、
50 歳のあなたの顔は自らその価値を作りださないといけない。
ココ・シャネル（Coco Chanel）

□

私の名前で
あいうえお作文を作って！

Mommy, can you make a verse
starting with the letters of my name?

<u>A.</u>

Date. 20   .   .

この世で最も美しい言葉は自分の名前だ。
デール・カーネギー（Dale Breckenridge Carnegie）

□

今の私に望むことはある？

Mommy,
what do you wish for me at this moment?

A.

□ きれいな顔 / 鍛えられた体

□ 安定した仕事

□ 立派な学歴

□ 正直でまっすぐ生きること

□ 健康

□ 親孝行

□ その他：

Date. 20　　　.　　　.

今ある私もこれからの私も、すべて天使のような母のおかげだ。
アブラハム・リンカーン（Abraham Lincoln）

□

お母さんが今私に聞きたいこと、
気になっていることはある？

Mommy, is there anything you want to know
about me or want to hear from me?

A.

Date. 20　　　.　　　.

母親はどれだけ年を取っても、中年になった子どもたちの中に進歩の兆候を見出そうとする。
フロリダ・スコット＝マクスウェル（Florida Scott-Maxwell）

087

□

もしかして、私にしてあげたかった
けどできなくて心残りなことはある？

Mommy, do you have anything that you regret
that you could not do for me?

A.

113

Date. 20   .   .

両親とは、つまらないものを与えても子どもを幸せにできるように作られている。
オグデン・ナッシュ（Ogden Nash）

088

□

お母さんが私に
勧めるおいしい店を3つ教えて。

Mommy,
what are your three favorite restaurants?

A.

114

■ 店名、おすすめメニュー

■ 店名、おすすめメニュー

■ 店名、おすすめメニュー

Date. 20   .   .

この世には、愛する側の人と、愛される側の人がいる。
サマセット・モーム（W. Somerset Maugham）

089

□

私と気が合うと感じるのはどんなこと？

Mommy,
when do you feel that we get along pretty well?

A.

□ 食べ物の好み

□ 笑いのツボ

□ 言いたいことが通じる

□ その他：

Date. 20　　　.　　　.

母は私に大変手を焼いたが、それも楽しんでいたようだ。
マーク・トウェイン（Mark Twain）

□

今の私は、
お母さんが望んでいたように成長している？

Mommy,
have I grown up just in the way you wanted me to?

<u>A.</u>

□　Yes　　　　□　No

■　お母さんは私にどうあってほしいと思っていた？

Date. 20　　　．　　　．

人は母親が育てたように育つ。
ラルフ・ウォルドー・エマーソン（Ralph Waldo Emerson）

091

□

お母さんの友達に私のことを話す時、 ちゃんと「できる子」だって言ってる？

Mommy, do you boast about me
to your friends as being the best daughter/son?

A.

□ Yes　　□ No

■ どんなふうに話してる？

Date. 20　　.　　.

若者は特に理由なく笑うが、それこそが若者の大きな魅力の一つである。
オスカー・ワイルド（Oscar Wilde）

092

□

私は 100 点満点で何点の子ども？
その理由は？

Mommy,
rate me out of 100 and tell me why.

A.

■ 子どもとしての点数：（　　　　）点 /100 点

理由：

■ 社会人としての点数：（　　　　）点 /100 点

理由：

Date. 20　　　　　.　　　　.

愛とは、私たちの生命と同様に、誕生の時から持っているものだ。
ロイス・マクマスター・ビジョルド（Lois McMaster Bujold）

093

□

お母さん、私が世界で一番お母さんのこと 愛しているのを知ってる？

Mommy,
do you know that I love you the most on earth?

<u>A.</u>

Date. 20   .   .

小さい時髪をといてくれるのも、他の人がすると痛いが、母親だと痛くなかった。
ここに自然な無理のない母の愛がある。
新渡戸 稲造

094

□

私がお母さんのお腹にいた時、
どんな気持ちで10カ月を過ごしたの？

Mommy, how did you spend the 10 months
while you were pregnant with me?

A.

Date. 20   .   .

父母在せば、遠く遊ばず。遊ぶこと必ず方あり。
（父母が存命の時は遠方に旅行するべきではない。旅行する時は必ず行き先を伝えるべきである）
孔子（Confucius）

095

□

私と2人でやりたいことはある？

Mommy, is there anything you would
like just the two of us to do?

A.

□　旅行

□　趣味を楽しむ

□　外食

□　おしゃべり

□　その他：

Date. 20　　.　　.

素晴らしい親の元にいれば、愛があふれる体験を得られるだろう。
それは晩年になっても消えないものだ。
ルートヴィッヒ・ヴァン・ベートーヴェン（Ludwig van Beethoven）

□

もし孫ができたら女の子がいい？
男の子がいい？

A.

122

□　女の子　　　　□　どちらでも構わない

□　男の子　　　　□　子どもがいないのが幸せ

■　理由は？

Date. 20　　　.　　　.

親になってみて初めて両親が与えてくれた愛情のありがたさが分かる。
ヘンリー・ウォード・ビーチャー（Henry Ward Beecher）

097

□

お母さん、
学校の勉強があまりできなくてもいい？

Mommy,
I don't really have to excel at school, do I?

A.

□　Yes　　　□　No

■　理由は？

Date. 20　　　.　　　.

最高の教育機関は、母の膝だ。
ジェームズ・ラッセル・ローウェル（James Russell Lowell）

□

お母さんが描く私の未来は？

Mommy,
how do you picture my future?

<u>A.</u>

Date. 20　　.　　.

自分にできること、夢見ていることがあるなら、始めなさい。
ヨハン・ヴォルフガング・フォン・ゲーテ (Johann Wolfgang von Goethe)

□

お母さんは、私が何回くらい
恋愛をしてから結婚した方がいいと思う？

Mommy, how many boyfriends/girlfriends
should I have before I get married?

A.

☐ 1-3 回 　　　☐ 4-6 回

☐ 7-9 回 　　　☐ 10 回以上

☐ 多ければ多いほどいい

■ 理由は？

Date. 20 　　.　　.

私は若い人が結婚について話すのを、ほとんど気にしません。
結婚について悪く言うのを耳にすると、まだ最良の人に会えていないのだと考えます。
ジェイン・オースティン（Jane Austen）

□

恋人を初めてお母さんに紹介した時、
どんな気持ちだった？

Mommy, how did you feel
when I first introduced my boyfriend/girlfriend to you?

<u>A.</u>

▩　なんて言いたかった？

Date. 20　　.　　.

自然のなかで、息子や娘の幸福を喜ぶ母親の喜びほど
気高く、人を感動させるものはない。
ジャン・パウル (Jean Paul)

101

□

私がお母さん（お父さん）とそっくりな人と結婚すると言ったら賛成する？

Mommy, would you agree with my decision
if I were to marry someone like you or Daddy?

A.

□　賛成　　　□　反対

■　理由は？

Date. 20　　　.　　　.

愛に向けられた女性の情熱は、伝記作家の情熱をもしのぐ。
ジェイン・オースティン（Jane Austen）

□

お母さんが
私の配偶者となる人物に望むことは？

Mommy, what is the most important quality
you would like my partner to have?

<u>A.</u>

128

Date. 20   .   .

私を笑わせてくれる人が好きです。私はそれが、笑うのが一番好きなのだと、心から思います。
笑いは数々の病を癒してくれます。笑うことはおそらく人間にとって最も大切なことでしょう。
オードリー・ヘプバーン（Audrey Hepburn）

103

□

私の結婚相手から
お母さんが一番聞きたい言葉は？

Mommy, what would you like to hear
from my spouse-to-be?

A.

Date. 20　　.　　.

愛は有るか無いかのどちらかだ。軽い愛などそもそも愛ではない。
トニ・モリスン（Toni Morrison）

104

□

お父さんと初めて会った場所と日付は？

Mommy, where was the place you met Daddy
for the very first time. When was it?

A.

■ 初めて会った場所：

■ 初めて会った日：

■ その日のエピソード：

Date. 20　　　.　　　.

愛とは美しい女性に出会ってから、
彼女が魚みたいな顔をしているのに気付くまでの楽しいつかの間のひと時だ。
ジョン・バリモア（John Barrymore）

105

□

私が結婚する時、
お母さんはどんな気持ちになると思う？
（私の結婚式の時、どんな気持ちだった？）

Mommy, how do you think you would you feel
on my wedding day? (How did you feel?)

A.

Date. 20　　.　　.

母親は我々の心に魂を与え、父親は光を与える。
ジャン・パウル (Jean Paul)

□

私に譲りたいと思っている
大切なものはある？

Mommy, is there an item of yours
that you would like me to have?

<u>A.</u>

Date. 20   .   .

青春は去り、愛は枯れ、友情の葉は散るが、
母親の心に秘められた希望は、どんなものよりも長く色あせることがない。
オリバー・ウェンデル・ホームズ（Oliver Wendell Holmes）

107

□

今の私に
「これだけは必ずやったほうがいい！」
と勧めたいことはある？

Mommy, do you know of any "must-do" experiences
that you think I should have?

A.

Date. 20 ． ．

人生を愛しているだろうか。ならば、時間を浪費してはならない。
人生は時間でできているのだから。
ベンジャミン・フランクリン（Benjamin Franklin）

108

□

私がお母さんの料理で
何が一番好きか知ってる？

Mommy, do you know
which of the dishes you make are my all-time favorites?

A.

134

□ Yes □ No

■ 私が好きな料理は？

Date. 20 . .

料理は、子どもの遊びであると同時に大人の喜びだ。
そして、慎重になされる料理は愛の行為である。
クレイグ・クレイボーン（Craig Claiborne）

109

□

私と一緒にやってみたいスポーツはある？

Mommy, is there a specific sport
that you would like to do with me?

A.

Date. 20　　.　　.

強い体は心を強くする。
トーマス・ジェファーソン（Thomas Jefferson）

110

□

お母さん、本当は
私のことをどう思う？

Mommy,
what do you think of me? Seriously.

A.

Date. 20 　　　．　　　．

善良な顔立ちは何にも勝る推薦状だ。
エリザベス 1 世（Elizabeth I）

111

□

私と一緒に行きたいと
思っている場所はある？

Mommy, where is the one place
that you would like to go with me?

A.

Date. 20　　　.　　　.

今どこにいるかが重要なのではなく、どこに向かっているかが重要だ。
オリバー・ウェンデル・ホームズ（Oliver Wendell Holmes）

□

「私とのジェネレーションギャップを感じる！」と思う時がある？

Mommy,
do you ever feel that we have a generation gap?

<u>A.</u>

138

ファッションは色あせるけど、スタイルは永遠さ。
イヴ・サン＝ローラン（Yves Saint-Laurent）

113

☐

今すぐではなく、時がきたら話そう
と思っている秘密がある？

Mommy, is there a secret you would like to
tell me when the right time comes?

<u>A.</u>

☐ Yes　　☐ No

Date. 20　　.　　.

真実を愛し、過ちは許せ。
ボルテール（Voltaire）

Mommy's Day.
06

お母さんのお母さん

Mommy's Mommy

おじいちゃんとおばあちゃん、お母さんの
みんなが一緒の写真を貼ってください。

Paste a picture of Grandpa, Grandma,
and the other members of Mommy's family.

Date.　　　　.　　　.

114

□

自分のお母さんのことを思うとき、
何が最初に思い浮かぶ？

Mommy, what is the first thing that comes to
your mind when thinking about Grandma?

A.

優しさ、厳しさ、恋しさ

幼少時、申し訳なかったこと、誇らしさ

切なさ、ぬくもり、恐さ、寂しさ

心残り、楽しさ、思慮深さ、感謝、懐かしさ

辛さ、やるせなさ、孤独、愉快さ

Date. 20 . .

一途に深く愛すれば、他のあらゆることに対する愛も深まります。
アン・ソフィー・スヴェチン（Anne Sophie Swetchine）

115

□

おばあちゃんの長所には
どんなものがある？

Mommy,
what were/are some of Grandma's strengths?

A.

■ 長所：

■ （あれば）短所：

Date. 20 ． ．

年齢は愛を防げないけれど、愛はある程度老化を防いでくれる。
ジャンヌ・モロー（Jeanne Moreau）

116

□

おばあちゃんとの最も
楽しかった思い出は何？

Mommy, what was the most memorable
moment that you had with Grandma?

A.

Date. 20   .   .

ああ、人生は歌の美しい循環で、即興演奏のメドレーだ。
そして、愛は絶対に過ちとはならない。そして、私はルーマニア王妃マリアだ。
ドロシー・パーカー（Dorothy Parker）

117

□

おばあちゃんが作る料理で
一番おいしいのは？

Mommy,
did Grandma have a special dish? What was it?

<u>A.</u>

146

Date. 20   .   .

食べ物への愛より誠実な愛はない。
ジョージ・バーナード・ショー（George Bernard Shaw）

118

□

お母さんはどんな時にふと
おばあちゃんのことを思い出す？

Mommy,
when do you suddenly miss Grandma?

<u>A.</u>

147

Date. 20   .   .

母の教え１オンスは、聖職者の教え１ポンドに勝る。
スペインのことわざ（Spanish Proverb）

119

□

おばあちゃんとお母さんは
どんなところが似ているの？

Mommy,
in what ways do you resemble Grandma?

A.

□　容姿

□　性格

□　クセ

□　好み

□　その他：

Date. 20　　　．　　　．

幸せな家庭はどれも似通っているが、
不幸な家庭は、それぞれが違った形で不幸だ。
レフ・トルストイ（Leo Tolstoy）

☐

おばあちゃんに最も怒られたのはいつ？
どんな悪いことをしたの？

Mommy, when did Grandma scold you the most?
What did you do wrong?

<u>A.</u>

愛する人たちに対する最も悪い行いは
本人でできること、すべきことを、代わりにやってしまうことだ。
アブラハム・リンカーン（Abraham Lincoln）

121

□

子どもの頃と大人になってからで
おばあちゃんへの見方が変わった
ことはある？

<u>A.</u>

150

あなたが育った家庭は、
これからあなたが持つ家庭ほど大切ではない。
リング・ラードナー（Ring Lardner）

122

□

両親に贈ったものの中で
最も記憶に残るのは？

Mommy, what was the best gift
that you gave to your parents?

<u>A.</u>

Date. 20   .   .

真の愛はあらゆるものを引き出すのよ。鏡に映る自分を毎日見ていられるようになる。
ジェニファー・アニストン (Jennifer Aniston)

123

□

おばあちゃんと一緒にやってみたかったのに
できなかったことは何？

Mommy, what are some of the things
that you had hoped to do with Grandma, but couldn't.

<u>A.</u>

Date. 20   .   .

人は常に英雄ではいられないが、常に人としていることはできる。
ヨハン・ヴォルフガング・フォン・ゲーテ（Johann Wolfgang von Goethe）

124

□

おばあちゃんに
伝えられなかった言葉があるなら
どんな言葉？

Mommy, what are some words
that you could not say to Grandma?

A.

Date. 20　　.　　.

人生の重みと苦痛から解き放つ１つの言葉。それは愛だ。
ソポクレス（Sophocles）

Mommy's Day.
07

お母さんという名前で

The Real Mommy

Scrap. 07

お母さんがつらい時、癒しになる人物やものがあれば
関連する写真を貼ってください。

Paste a picture that helps to give Mommy strength
when she is going through a hard time.

Date.　　　.　　.

125

□

毎朝目覚める時、
どんなことを思う？

Mommy, what comes to your mind
every morning when you wake up?

A.

疲れた、頑張るぞ、ワクワクする

時間がない、眠い、元気いっぱい、平穏だ

肩の荷が重い、休みたい、気分がよい、満ち足りた気分だ

うんざりだ、生きがいを感じる、幸せだ、心配だ

楽しい、空しい、けだるい、いらいらする

Date. 20   .   .

頑張っても一つの偉大なことを成し遂げるのは、不可能だと分かるでしょう。
大きな愛をもってたくさんの小さなことをすることだけが可能です。
マザー・テレサ（Mother Teresa）

126

□

私のお母さんになることを
ためらいはしなかった？

Mommy,
did you ever worry about becoming a mother?

<u>A.</u>

158

□ Yes　　□ No

□ 秘密

■ 理由は？

Date. 20　　.　　.

私の母を説明しようとすると、強大なハリケーンの描写になる。
マヤ・アンジェロウ（Maya Angelou）

127

□

お母さんが家族のために
諦めたものってある？

Mommy,
is there something you gave up for our family?

<u>A.</u>

Date. 20   .   .

あなたたちが人生について私ほど分かるようになれば、
脅迫的な愛の力を過小評価しなくなるはずだ。
J.R.R. トールキン (J.R.R. Tolkien)

128

□

疲れたなぁって
一番感じるのはどんな時？

Mommy,
when do you feel most tired?

A.

160

家庭と家庭生活の安全と向上が、文明の重要目的だ。
あらゆる産業の究極の目的だ。
C. W. エリオット（C. W. Eliot）

129

□

私の母親でよかった！
と思うのはどんな時？

Mommy, when do you feel you are lucky
to have me as your child?

<u>A.</u>

Date. 20　　　.　　　.

家庭とは、人がありのままの自分を示すことができる場所である。
アンドレ・モーロワ（André Maurois）

□

お母さんが家族に対して
一番つらい思いをしたのは、どんなこと？

Mommy,
when were you most hurt by our family?

<u>A.</u>

Date. 20   .   .

愛は終わりなき赦しの行為であり、習慣となった優しい表情である。
ピーター・ユスティノフ（Peter Ustinov）

131

□

母親になる前と後で、
価値観が変わった？

Mommy, have your values changed
since becoming a mother?

<u>A.</u>

Date. 20 . .

完璧な母親になる方法は存在しないが、よい母親になる方法は星の数ほどある。
ウィンストン・チャーチル（Winston Leonard Spencer Churchill）

☐

お母さんは今、幸せ？

Mommy,
are you happy right now?

A.

Date. 20 　　.　　.

涙とともにパンを食べたことのある者でなければ、人生の本当の味は分からない。
ゲーテ（Johann Wolfgang von Goethe）

133

□

母親として生きるのは、
大変じゃない？

Mommy, isn't it difficult
to live a life as a mother?

A.

□　全然大変じゃない

□　普通だ

□　ちょっと大変だ

□　とても大変だ

□　秘密だ

Date. 20　　　.　　　.

この世の中には、母親になった途端、母としての役割を休みなく要求され、
感動と拷問のような苦痛が同居する仕事があるということに驚く女性に満ちている。
アンナ・クィンドレン（Anna Quindlen）

134

□

お母さんは1日にどのくらいの
お金があれば十分だと思う？

Mommy, how much money do you think
you need per day to live on?

A.

166

■ （　　　　　　）円

■ 理由は？

Date. 20　　　.　　　.

お金は良い召使いだが、悪い主人にもなる。
フランシス・ベーコン（Francis Bacon）

135

□

今、父親としてのお父さんに
一番望むことは何？

Mommy,
what do you want from Daddy?

<u>A.</u>

Date. 20   .   .

成功を収めて満足するのではない。満足していたから成功したのだ。
アラン・ド・ボトン（Alain de Botton）

136

□

母親として最も心残りで、
悔やまれることはある？

A.

Date. 20 . .

神はあらゆる場所にいられるわけではないため、母親を創った。
ユダヤのことわざ

137

□

お母さん自身のために、今からでも挑戦したい職業はある？

Mommy, is there a job you would like to do
for your own benefit and happiness?

A.

□ Yes □ No

■ どんな職業に就きたい？

Date. 20 . .

信念を持って、前進しよう！
トーマス・エジソン（Thomas Edison）

☐

私が親になるとしたら、
最も大切にすべきものは何だと思う？

Mommy, what are the most important things
to remember when I become a parent?

<u>A.</u>

Date. 20   .   .

親は、どんなにひどい世の中でも順応できるように子どもを育てようとするが、
それだけでなく、未来はよりよいものにできるのだということを子どもに教えなければならない。
イマヌエル・カント（Immanuel Kant）

Mommy's Day.
08

お母さんの頭の中

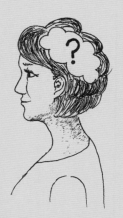

Mommy, What's on Your Mind?

Scrap. 08

お母さんの宝物の写真を貼ってください。

Paste a picture of Mommy's most
precious thing in the world.

Date.　　　.　　　.

お母さん！
今、何を考えている？

Mommy,
what is on your mind right now?

<u>A.</u>

Date. 20 ．　．

人生とは、その人が一日中考えていることから成る。
ラルフ・ウォルドー・エマーソン（Ralph Waldo Emerson）

140

□

お母さんにも私たちに
内緒にしている好き嫌いがある？

Mommy,
is there a food that you cannot eat?

<u>A.</u>

Date. 20 　　　.　　　.

過ちては則ち改むるに憚ることなかれ。
孔子（Confucius）

141

□

お母さんにとって
家族とは？

Mommy,
what is family to you?

<u>A.</u>

Date. 20　　 .　　 .

家庭とは、その形態がいかなるものであっても、人生の大きな目的だ。
J.G. ホーランド (J.G. Holland)

142

□

今までの人生で、
最も幸せだったのはいつ？

Mommy,
when was the happiest moment in your life?

A.

□　おばあちゃんのお腹の中にいた時 □　40 代

□　幼年期 □　50 代

□　10 代 □　結婚前

□　20 代 □　現在

□　30 代

■　理由は？

Date. 20　　.　　.

人生を台無しにする悲哀を捨て、明るく愉快な心を持たねばならない。
ウィリアム・シェイクスピア（William Shakespeare）

お母さんが考える「愛」とは？

Mommy,
what do you think love is?

A.

Date. 20   .   .

愛とはお互いを見つめ合うことではなく、共に同じ方向を見つめることだ。
サン＝テグジュペリ（Antoine de Saint-Exupéry）

144

□

お母さんは
今の暮らしに満足している？

Mommy,
are you satisfied with your life right now?

<u>A.</u>

□ Yes   □ No

■ 満足度は？（   ）点 /100 点

Date. 20   .   .

幸せに欠かせないは、すべきこと、愛するもの、望むこと、の3つである。
ジョゼフ・アディソン（Joseph Addison）

145

□

お母さんにとって、
年を取ることって
どんな意味があると思う？

Mommy,
what does getting old mean to you?

<u>A.</u>

179

年を取ると賢明になるのではない。注意深くなるのだ。
アーネスト・ミラー・ヘミングウェイ（Ernest Miller Hemingway）

146

お母さんの人生の最盛期と
停滞期はいつだと思う？

Mommy, when do you think was your
days of glory and days of stagnation?

<u>A.</u>

■ グラフを描いてください。

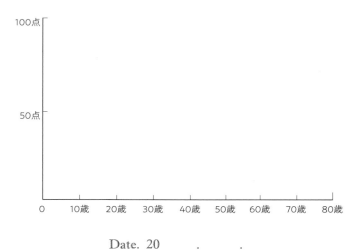

Date. 20   .   .

始めがうまくいけば半分できたも同然だ。
アリストテレス（Aristotle）

147

□

お母さん、最近悩んでいることはある？

Mommy,
do you have any worries these days?

A.

Date. 20 . .

過去などどうでもいい。大事なのは永遠に続く現在だけだ。
ウィリアム・サマセット・モーム（William Somerset Maugham）

148

□

お母さんの人生で
最も怖くて恐ろしかった瞬間は
いつだった？どうやって乗り越えた？

Mommy, when were you most scared and
how did you manage to overcome it?

A.

182

Date. 20　　　.　　　.

決して昨日を後悔してはならない。人生は今日の私の中に在り、明日は自ら作るものだ。
ラファイエット・ロナルド・ハバード（Lafayette Ronald Hubbard）

□

お母さんが寂しいと感じる時は
どんな時？

Mommy,
when do you feel lonely?

A.

□ いつも

□ 1人で TV を観る時

□ 帰宅して誰もいない時

□ 話し相手が誰もいない時

□ その他：

Date. 20   .   .

希望とは人生を愛することだ。
アンリ・フレデリック・アミエル（Henri Frédéric Amiel）

150

□

疲れたり落ち込んだりした時、
心を癒してくれるのは？

Mommy, how you find comfort
during times of exhaustion and depression?

A.

184

□　休息

□　家族との時間

□　趣味やレジャー

□　お酒

□　友人との会話

□　その他：

Date. 20　　　.　　　.

家庭は私の大地です。私はそこで精神的な栄養を得ています。
パール・バック（Pearl S. Buck）

151

□

生まれ変わっても、
また私のお母さんになってくれる？

Mommy, would you still be
my mother if I were reborn in another life?

<u>A.</u>

Date. 20 　　.　　.

家族以外には書く素材が見当たりません。家族は社会全体の象徴です。
アンナ・クィンドレン（Anna Quindlen）

152

□

お母さん秘伝のレシピがあれば
教えて！

Mommy,
please tell me your secret recipe.

<u>A.</u>

Date. 20   .   .

人生は誰もが一度は試してみる価値のあるものだ。
ヘンリー J. ティルマン（Henry J. Tillman）

□

お母さんは最近、何に
最も生きがいを感じる？

Mommy, what are the things
that make your life the most worth living these days?

A.

Date. 20   .   .

いつも私と共にあった母の祈りを覚えている。
その祈りは生涯、私から離れることはない。
アブラハム・リンカーン（Abraham Lincoln）

154

□

お母さんは友達と会う時、
どんな話をして過ごしているの？

Mommy,
what do you talk about when you meet friends?

A.

Date. 20 ． ．

我々は愛する友人たちによって宣伝される。
ウィリアム・シェイクスピア（William Shakespeare）

155

□

これから習ったり学んだりしてみたい ことはある？

Mommy,
is there anything in particular you hope to learn or study?

A.

■ 理由は？

Date. 20 　　　.　　　.

幸運のつかみ方を学びさえすればいい、幸運はいつもそこにあるのだから。
ヨハン・ヴォルフガング・フォン・ゲーテ（Johann Wolfgang von Goethe）

156

☐

１カ月間、自由な時間が
あったら何をする？

Mommy, if you were to have a break for one
month on your own, what would you like to do?

<u>A.</u>

Date. 20   .   .

世界とは変化である。人生は思考によって決まる。
マルクス・アウレリウス・アントニヌス（Marcus Aurelius Antoninus）

157

□

また生まれてくるとしたら、男と女、どっちに生まれてきたい?

Mommy, if you were to be born again,
would you want to be a male or a female?

A.

■ 理由は?!

Date. 20 ．　．

あらゆる男と女の使命は、他人に尽くすことである。
レフ・トルストイ（Leo Tolstoy）

158

□

お母さんが思い描く理想の家庭って どんな感じ？

Mommy,
what is the ideal image of a happy family?

A.

Date. 20   .   .

愛は我々を幸福にするためにあるのではなく、
我々が苦悩と忍耐とにおいてどれほど強くあり得るかを示すためにある。
ヘルマン・ヘッセ（Hermann Hesse）

お母さんとおばあちゃんとの間にも
嫁と姑の確執があった？
何が問題だったの？

Mommy, did you have any trouble with your
mother-in-law? What were the problems?

A.

Date. 20   .   .

家族とは誰の血を引いているかではなく、誰を愛しているかということだ。
トレイ・パーカー（Trey Parker）

160

□

お盆やお正月のお休みに
義実家に行きたくない時、
お母さんはどうしてた？

Mommy, when you didn't want to go
to the in-laws, how did you sneak away?

A.
_____

Date. 20   .   .

もっと愛することしか、愛への治療薬はない。
ヘンリー・デイヴィッド・ソロー（Henry David Thoreau）

無人島に行くことになったら、
何を持って行く？

Mommy, what would you take with you
to a desert island?

<u>A.</u>

■ 1.

■ 2.

■ 3.

Date. 20   .   .

自分の力が不十分であることを知ることで、力を充実させることができる。
アウグスティヌス（Augustine）

162

□

私たち家族に
お母さんが望むのは？

Mommy,
what do you wish for in our family?

A.

Date. 20 ． ．

子どもたちにとって、母以上に素晴らしい天からの贈り物はない。
エウリピデス (Euripides)

163

□

お母さんは、
私たちが学校に行った後、
何をしているの？

Mommy,
what do you do when we go to school?

A.

Date. 20   .   .

楽しみを追い求め、宮殿を巡り歩こうと、たとえみすぼらしくてもわが家に勝るところはない。
ジョン・ハワード・ペイン（John Howard Payne）

□

言葉にはしなかったけど、
私の選択を止めたかったことはある？

Mommy, was there anything
you tried to stop me from doing but could not?

A.

198

Date. 20 . .

過ちを犯す自由がないのなら、自由を持つ価値はない。
マハトマ・ガンジー（Mahatma Gandhi）

165

□

お母さんは
誰か尊敬している人はいる？

Mommy,
is there someone you especially admire?

<u>A.</u>

□ Yes   □ No

■ 誰？

■ 理由は？

Date. 20 ．　　．

他人を尊重してこそ自分も尊重される。
ラルフ・ウォルドー・エマーソン（Ralph Waldo Emerson）

166

□

タイムマシンに乗れたら、
いつに行きたい？

Mommy, if you had an opportunity to ride
on a time machine, when would you like to go to?

<u>A.</u>

200

Date. 20 　　　.　　　.

人生とはジャングルの中の動物園だ。
ピーター・デ・ヴリーズ（Peter De Vries）

167

□

お母さん自身は、
自分の人生を何点だと思う？

Mommy, if you were to rate your life,
how many points would you give?

A.

Date. 20   .   .

あなただけが気がついていないだけで…あなたはとても特別な人です。
デズモンド・ムピロ・ツツ（Desmond Mpilo Tutu）

168

□

お母さんはスカートが好き？
ズボンが好き？

Mommy,
do you prefer wearing skirts or pants?

A.

202

□　スカート　　　□　ズボン

■　その理由は？

Date. 20　　　　.　　　.

子どもは大人の父（三つ子の魂百まで）
ウィリアム・ワーズワース（William Wordsworth）

☐

お母さんが思う母親としての役割は
何だと思う？

Mommy,
what do you think your role as a mother entails?

A.

Date. 20   .   .

愛が花のように優しいのなら、母は優しい愛の花だ。
スティーヴィー・ワンダー（Stevie Wonder）

□

私に対して悪いことを
したなって思うことは何？

Mommy, when did you feel
most apologetic to me?

<u>A.</u>

204

母親の心は子どもの教室です。
ヘンリー・ウォード・ビーチャー（Henry Ward Beecher）

171

□

お母さんも整形したい場所はある？

Mommy, if you could just have one type of plastic surgery,
where would it be?

A.

■ （　　　　　　　）の部分を（　　　　　）したい。　　　205

□　ない。お母さんは天然美人でいるつもり。

Date. 20　　　.　　　.

徳のない美は香りのない花だ。
フランスのことわざ（French Proverb）

□

自分自身と交わした約束を
守らなかったことはある？

Mommy, was there a time
you couldn't keep up with your own promise?

<u>A.</u>

Date. 20   .   .

何かをしませんと約束することは、まさにそれをやりたくて
仕方なくなるための一番確実な手段なのである。
マーク・トウェイン（Mark Twain）

173

□

お母さんも誰かを
憎んだことがある？

Mommy,
did you ever hate someone a lot?

<u>A.</u>

Date. 20　　．　　．

憎しみは人を盲目にする。
オスカー・ワイルド（Oscar Wilde）

174

□

今まで家族に
一度も言えなかった言葉はある？

Mommy, is there something
you could never say to our family?

A.

Date. 20 . .

あなたが恩を与えた人よりも、あなたに親切にしてくれた人が
また親切にしてくれるだろう。
ベンジャミン・フランクリン（Benjamin Franklin）

175

□

人生の先輩として、
参考にすべきアドバイスを！

Mommy, do you have any wise words for me
as a life mentor?

A.

Date. 20　　.　　.

最終的には誰もみな母の言葉にしたがって行動に移すことになる。
ヴォーン・ウィリアムズ（Vaughan Williams）

Mommy's Day.
09

お母さんのBEST

Mommy's Best Things

Scrap. 09

お母さんのベストショットを貼ってください。

Paste your best picture of yourself!

Date.　　　　　.　　　.

176

□

今までで
一番幸せだった出来事は何？

Mommy, what was the event
that brought you the most joy?

A.

Date. 20   .   .

家庭とは、母から生まれた子どもが道徳的な人格として
生まれ変わるための精神的な母体である。
グスタフ・フォス（Gustav Voss）

177

□

最近お母さんが
よく歌う曲は何？

Mommy, what kind of songs
do you love to sing these days?

A.

■　曲名：

214

■　歌手：

■　気に入っている理由：

Date. 20　　　.　　　.

沈黙に次いで、表現できないものを表現することに近いのが音楽だ。
オルダス・ハクスリー（Aldous Huxley）

178

☐

一番の得意料理は何？

Mommy,
what dish are you best at cooking?

<u>A.</u>

Date. 20 　　.　　.

食事をする姿を見て、彼らが何者か分かった。
ハリール・ジブラーン（Khalil Gibran）

□

今までで一番悔しかったのはいつ？

Mommy,
when was the time you were most upset?

A.

216

Date. 20   .   .

今日という1日は、明日という日2日分の価値がある。
ベンジャミン・フランクリン（Benjamin Franklin）

180

□

今まで観た映画の中で
一番記憶に残る作品とその場面は？

<u>A.</u>

Date. 20　　　.　　　.

夢を叶える秘訣は、4つの「C」に集約される。それは、「Curiosity（好奇心）」「Confidence（自信）」
「Courage（勇気）」そして「Constancy（継続）」である。
ウォルト・ディズニー（Walt Disney）

181

☐

妊娠中に何を
一番食べたかったか覚えてる？

Mommy, what food did
you crave the most during pregnancy?

A.

218

Date. 20　　　　.　　　　.

182

□

お母さんの人生で、
一番の恩人と言える人は？

Mommy, who is the one person
who has helped you the most in your life?

A.

■ 名前：

■ 理由：

Date. 20　　　.　　　.

人生とは、謙虚さを学ぶ長い授業である。
ジェームス・マシュー・バリー（James Matthew Barrie）

183

□

お母さんが
人生で一番大切だと思うのは何？

Mommy,
what do you cherish the most in life?

A.

Date. 20 . .

無味乾燥な単調さのための時間はない。
仕事をする時間はある。人を愛する時間も。それでもう他のことをする時間なんて残らない。
ココ・シャネル（Coco Chanel）

184

□

お母さんが一番好きな色と、
その理由は？

A.

■ 色：

■ その理由は？

Date. 20   .   .

私は対象を見えるようにではなく、私が思うように描くのだ。
パブロ・ピカソ（Pablo Picasso）

185

□

お母さんがつらい時、
お父さん以外で
最初に思い浮かべるのは誰？

Mommy, other than Daddy, who helps you
when going through a hard time?

A.

□　両親

□　友人

□　家族

□　初恋の人

□　先生

□　その他：

Date. 20　　　.　　　.

お母さん！そう呼ぶとすぐに強烈な電流が流れる。
痛みを感じる電気だ。痛く、熱く、耐えられない電気だ。
キム・ナムジョ（金南祚）

186

□

お母さんの一番
大切な宝物は？

Mommy,
what is your most treasured possession?

<u>A.</u>

Date. 20　　　.　　　.

私が好き、または尊敬している人たちの共通分母は見つけられないが、
私が愛する人たちに共通した特徴は見つけられる。私を笑わせてくれるのだ。
ウィスタン・ヒュー・オーデン（Wystan Hugh Auden）

187

□

今まで生きてきた中で、
一番「よくやった自分！」と思うことは？

Mommy,
what job do you feel you have done the best in your life so far?

<u>A.</u>

Date. 20 　 . 　 .

木はその実によって知られ、人はその行いによって判断される。
タルムード（The Talmud）

188

□

今までで最高の
家族旅行の行き先と、
そこでの出来事を教えて！

Mommy,
tell me about your most memorable family vacation.

A.

Date. 20   .   .

楽しく旅をするなら、身軽に旅するべきだ。
サン＝テグジュペリ（Antoine de Saint-Exupéry）

189

□

人生において、
年代別に一番重要なことは何だと思う？

Mommy, what do you think should be most
important in every period of life?

A.

10 代：

20 代：

30 代：

40 代：

50 代：

60 代以降：

Date. 20　　　.　　　.

20 歳では意志が、30 歳では機知が、40 歳では判断が支配する。
ベンジャミン・フランクリン（Benjamin Franklin）

なんでも話せる、ほっとする、幸せであってほしい人、祈り、私の未来の姿、自慢、私を産んでくれた人、ご飯を食べる時に思い出す、誇り、守ってあげたい、誓い、花、家庭料理の第一人者、私を逃さないレーダー、女王、外食メニューの選定者、人生の正しい答え、わが家の序列1位、春のような女性、規律を守る班長、専任スタイリスト、ベストドライバー、私が愛する女性、セラピスト、お父さん最愛の人、人生の先輩、女傑、エネルギー、私を誰よりも分かっている、魅力的な女性、世の中について教えてくれる人、私の無事を祈ってくれる人、宇宙のような愛、生涯かけて親孝行をすべき、犠牲、会いたい、世の中で一番かわいい、童顔の美女、独立できない、きゃしゃな女性、病気の姿、黙っていても恐い、声が小さい、なんでも一緒にやりたがる、おてんば、癒しの手をもつ人、親切、ロールモデル、眼鏡をかけている、ワンダーウーマン、くるくるパーマ、寝ずに待っていてくれる人、好みが同じ友人、白髪、切なさ、姉妹みたい、一緒に旅行に行きたい人、編み物、最も大きな存在、大切、とても恋しい、樹木、神秘の存在、教科書、尊敬の対象、影、決定者、ぬくもり、太っちょ、コック、はつらつとした女性、朝早く起きる、目が潤む、お父さんと結婚した人、心を傷つける名前、強い人、ダイエット中、つらい時に元気にしてくれる人

"
**私にとって
お母さんとは？**
Mommy Book
オンラインアンケートから
"

Mommy's Day.
10

お母さん、そして老後

Mommy & the Later Years

Scrap. 10

いつか行ってみたい場所の写真を貼ってください。

Paste a picture of a place
Mommy really wishes to visit.

Date.　　　.　　　.

190

□

年を取っても
続けたいことはある？

Mommy, is there something you would
continue to do even when you get old?

<u>A.</u>

Date. 20   .   .

限界があると口にすると、そこがあなたの限界になる。
リチャード・バック（Richard Bach）

191

□

お母さん、
老後を過ごしたい場所はある？

Mommy, is there a place you
hope to spend your later years?

A.

□　都会のマンション

□　田舎の住宅

□　高齢者用施設

□　子どもと同居

□　その他

Date. 20　　　 ．　　　．

満たされた小さな家、よく耕された土地、気の利く妻、それは大きな財産だ。
ジョン・レイ（John Ray）

192

□

「年を取る前に、やっておきたい！」 と思うことはある？

Mommy, is there something
that you feel you must do before it's too late?

A.

■ 1位：

■ 2位：

■ 3位：

Date. 20　　　．　　　．

困難は人生を味わい深くし、困難を乗り越えることにより人生は有意義になる。
ジョシュア・J・マリーン（Joshua J. Marine）

193

□

お母さんとお父さんの
老後の計画は？

Mommy, how are you and Daddy
going to spend your retirement years?

A.

Date. 20 ．　　．

装いが違うだけで、老いは若さに劣らずよい時だ。
夕暮れの薄明かりが闇に溶ければ、日中には見えなかったで星で空が満たされる。
H・W・ロングフェロー（Henry Wadsworth Longfellow）

194

□

死ぬまでに
絶対に行ってみたいところはどこ？

Mommy, is there one place that
you would like to visit before it's too late?

A.

235

Date. 20   .   .

旅行は振り返ってみる時だけ魅力的だ。
ポール・セロー（Paul Theroux）

195

□

老後には少なくとも
何人の友がいるといいと思う？理由は？

Mommy, how many friends do you think
one should have in his or her later years and why?

A.

236

Date. 20 ． ．

仲のよい家庭は外から見ると堅固な城壁で、中から見ると素晴らしい住まいだ。
ルース（Ruth）

196

□

私にどんな母親として
覚えていてほしい？

Mommy, how do you want to be
remembered as my mother?

A.

Date. 20　　.　　.

良き母親は、幾百もの教師に匹敵する。
ジョージ・ハーバート（George Herbert）

197

□

おばあちゃんになって
孫に望む夢があるとしたら?

Mommy,
what dreams do you have for your grandchildren?

<u>A.</u>

Date. 20 　　.　　.

共に老いで行こう!最良の時はこれからだ。
ロバート・ブラウニング (Robert Browning)

198

□

お母さんは老後を子どもと
一緒に過ごしたい？

Mommy,
do you want to live with me in your golden years?

A.

Date. 20　　．　　．

この世では、最後に笑う者が最もよく笑う。
ジョン・メイスフィールド（John Masefield）

□

老後に、私から
受け取りたいお小遣いはいくら？

Mommy, how much money do you think
you will need from me in your later-years?

A.

■ 最低でも（　　　　　）円〜最高（　　　　　）円

240

■ お母さんはお金よりも（　　　　　　　　　　）をもらいたい。

Date. 20　　　．　　　．

愛よりも、金よりも、名声よりも、私に真実を与えよ。
ヘンリー・デイヴィッド・ソロー（Henry David Thoreau）

200

□

もし今日が
人生最後の日だとしたら、
何をしたい？

Mommy, if today was your last day,
what would you want to do?

A.

Date. 20   .   .

長い人生がよい人生とは限らない。しかしよい人生は十分に長い。
ベンジャミン・フランクリン（Benjamin Franklin）

Only One

マミーブックの愉快な一問一答

お母さんはチェックされた質問に答えてく

ださい。

Only One

□ Q. お母さん、私のお年玉、いくら集まった？

□ Q. お母さんの職場はどこにあるの？

□ Q. お母さんが好きなマンガのキャラクターは誰？

□ Q. 一番苦手な家事は？

□ Q. 私のお小遣いを（　　　　）円値上げしてくれない？

□ Q. うちも犬を飼ったらダメ？

□ Q. カラオケの十八番は？

□ Q. お母さんは化粧をすればもっときれいなのに、
　　なんで化粧をしないの？

Only One

☐ Q. お母さんとお母さんの友達は、なんで髪型が同じなの？

☐ Q. 私は誰に似て勉強ができないのかな？

☐ Q. 嫌いな食べ物は食べなくてもいいでしょう？

☐ Q. おばあちゃんはどんな外見だった？

☐ Q. なれるならなりたい芸能人は？

☐ Q. お母さん、なんでうちは金持ちじゃないの？

☐ Q. お母さん、ヒップホップって知ってる？

☐ Q. もし超能力が持てたら、どんな能力がほしい？

Only One

□ Q. 今ハマッてるドラマ、そんなに面白い？

□ Q. 大型スーパーに行く時、
　　どうして必ず私を連れて行こうとするの？

□ Q. お母さんはなんでお父さんにお小遣いを少ししかあげないの？

□ Q. お母さんにとってドラマ『ロング・バケーション』の
　　木村拓哉とは？

□ Q. お父さんのへそくりがある場所を知っている？

□ Q. 私が整形をして現れたら、お母さんの反応は？

□ Q. お父さんのギャグが本当におかしくて笑うの？

□ Q. お父さんの服のセンスに満足している？

Only One

☐ Q. お母さんはどうしてそんなに割引きしてもらおうとするの？
その勇気はどこからくるの？

☐ Q. どうしてそんなに（　　　　）を食べろと言うの？

☐ Q. お母さんは友達と会う時、だいたいどこで会うことが多いの？

☐ Q. お母さんは選び取り(一歳の誕生日)の占いで、何を掴んだ？

☐ Q. お母さんのダイエットは、いま何年目？

☐ Q. 今まで作らなかった料理に、
急に挑戦しているのはどうして？

☐ Q. お父さんの月給がいくらあれば、けんかをやめるの？

☐ Q. お母さん、今日も私を待っていてくれるよね？愛してる！

Only One

☐ Q. お母さん、親孝行するから長生きしてくれるよね？

☐ Q. お母さん、欲しいブランド品ってある？

☐ Q. お母さんはなんで毎日TVをつけたまま寝るの？

☐ Q. お母さん、男なんて皆同じだと思う？

☐ Q. お母さん、お父さんにもう少し優しくしてあげたら？

☐ Q. 私が初給料からお金を渡したら、何に使う？

☐ Q. お母さんはなんで週末なのに朝早く起こすの？

☐ Q. 今までお母さんと二人っきりで旅行したことがないね。
　　今週グルメ旅行はどう？

Only One

☐ Q. 好きな花は？

☐ Q. へそくりしてる？

☐ Q. 家系的に気を付けた方がいい病気があったら教えて！

☐ Q. お母さんはこれからも私のお母さんでいてくれるよね？

☐ Q.

☐ Q.

☐ Q.

☐ Q.

お母さんが送る手紙

Mommy Book

発行日 2021年2月17日（初版）
　　　 2021年4月22日（第2刷）

Mommy Book
©2020 by INNOVER
All rights reserved.
Japanese translation copyright © 2021 by ALC PRESS INC.
This Japanese edition is published by arrangement with CUON Inc.

著者	INNOVER KOREA
編集	株式会社アルク 出版編集部
韓国語翻訳	バーチ美和
校正	挙市玲子、Margaret Stalker
AD	細山田光宣（細山田デザイン事務所）
デザイン	柏倉美地（細山田デザイン事務所）
DTP	朝日メディアインターナショナル株式会社
印刷・製本	シナノ印刷株式会社
発行者	天野智之
発行所	株式会社アルク 〒102-0073 東京都千代田区九段北4-2-6 市ヶ谷ビル Website：https://www.alc.co.jp/

Printed in Japan.

本書はINNOVER KOREA社発行の『Mommy Book』を翻訳、一部変更したものです。

落丁本、乱丁本は弊社にてお取り替えいたしております。
Web お問い合わせフォームにてご連絡ください。
https://www.alc.co.jp/inquiry/

地球人ネットワークを創る

アルクのシンボル
「地球人マーク」です。